김재성 글

서울대 영어교육학과 재학 중 미국으로 가서 앨러배마 주립대 치과대학원을 졸업했고, 미시피 주립대학병원에서 통합치의학 전문의 과정을 마쳤어요. 25년이 넘게 치과 진료를 해 오던 중, 어린이들에게 재미있는 이야기로 치아의 중요성을 알리기 위해 《치과 의사의 행복한 치아 이야기》를 쓰게 됐어요. 2009년 한국추리작가협회에서 《목 없는 인디언》으로 신인상을 수상하며 작가로 등단했고, 2014년 《드래건 덴티스트》로 제9회 소천아동문학상을, 2015년 《경성 새점 탐정》으로 제13회 푸른문학상을 수상했어요. 글을 쓴 작품으로는 《천상열차분야지도》《경성 새점 탐정》《호텔 캘리포니아》《경성 좀비 탐정록》《불멸의 탐정, 셜록 홈즈》《제주도로 간 전설의 고양이 탐정》 등이 있어요. 한국추리작가협회장과 경찰청 과학수사대 자문 위원으로 활동하고 있어요.

백명식 그림

강화에서 태어나 서양화를 전공했고, 출판사 편집장을 지냈습니다. 어린이들이 좋아하는 책을 쓰고 그릴 때 가장 행복합니다. 그린 책으로는 《자연을 먹어요(전 4권)》《WHAT 왓? 자연과학편(전 10권)》 시리즈, 《책 읽는 도깨비》 등이 있으며, 쓰고 그린 책으로는 《돼지 학교(전 40권)》《인체과학 그림책(전 5권)》《맛깔나는 책(전 7권)》《저학년 스팀 스쿨(전 7권)》《명탐정 꼬치의 생태 과학(전 5권)》 시리즈 등이 있습니다. 소년한국일보 우수도서 일러스트상, 소년한국일보 출판부문 기획상, 중앙광고대상, 서울 일러스트상을 받았습니다.

몬스터 치과 병원 ❸

김재성 글 | 백명식 그림

1판 1쇄 발행 2020년 8월 7일   1판 2쇄 발행 2023년 5월 20일

펴낸이 정중모   펴낸곳 파랑새   등록 1988년 1월 21일(제406-2000-000202호)
편집장 서경진   편집 강정윤, 조윤연   디자인 권순영   마케팅 김선규
홍보 최가인   온라인사업팀 서명희   제작 윤준수   관리 이원희, 고은정, 구지영
주소 경기도 파주시 회동길 152   전화 031-955-0670   팩스 031-955-0671   홈페이지 www.bbchild.co.kr
전자우편 bbchild@yolimwon.com   ISBN 978-89-6155-896-9 74510, 978-89-6155-752-8 (세트)

ⓒ 김재성, 백명식 2020

· 책값은 뒤표지에 있습니다.
· 저작자와 출판사의 허락 없이 이 책의 일부 또는 전체를 인용하거나 발췌하는 것을 금합니다.

어린이제품안전특별법에 의한 제품 표시
제조자명 파랑새 | 제조년월 2023년 5월 | 제조국 대한민국 | 사용연령 3세 이상

몬스터 치과병원 ❸

저주의 과자 궁전에서 탈출하라! - 치아에 좋은 음식

파랑새

마법의 숲 근처 작은 오두막에
헨젤과 그레텔이 살고 있었어요.
부모님이 일찍 돌아가신
헨젤과 그레텔은
너무나 가난했어요.
그래서 다른 친구들처럼
사탕이나 초콜릿을 마음껏
먹어 보는 것이 소원이었지요.

헨젤과 그레텔의 오두막 근처에는
커다란 마법의 숲이 있었어요.
마법의 숲은 한 번 들어가면
영영 나오지 못한다고 알려진
무시무시한 숲이었어요.

하루는 배가 고픈 헨젤과 그레텔이
마법의 숲에서 놀다가 길을 잃어버렸어요.
"꼬마들아, 과자 궁전에 온 것을 환영한다."
"어? 파랑새가 말을 하네?"
헨젤과 그레텔이 파랑새를 따라가 보니
으리으리한 과자 궁전이 나타났어요.

헨젤이 파란색 사탕 손잡이를 돌리자
궁전의 문이 열렸어요.
"우와!"
헨젤과 그레텔은 놀라서 소리치며
과자 궁전으로 들어갔어요.

궁전 안에는 침대 두 개가 놓여 있었고,
천장에는 사탕 고드름이 주렁주렁 달려 있었어요.
박쥐 사탕들이 침대 위로
날아다니고 있었죠.

헨젤과 그레텔은 박쥐 사탕들이 물어 온
생강 과자를 먹어 보았어요.
"어! 과자를 먹으니 이상하게 잠이 오네."
헨젤이 말했어요.
헨젤과 그레텔은 깊은 잠에 빠져들었어요.

그때 과자 궁전의 벽에서 무언가
하나둘씩 튀어나오기 시작했어요.
저주에 걸려 이상한 지팡이를 든 몬스터 치과 의사,
치아 뽑는 집게가 달린 전갈 장군,
정신없이 날아다니는 몬스터 전사들,
울퉁불퉁 두꺼비와, 입으로 불길을 뿜어내는
용이었죠.

"이 아이들을 다락방에 가두어라! 이 궁전에 들어와서 과자를 먹었으니 벌을 받아야 해!"
저주에 걸린 몬스터 치과 의사의 말에
전갈 장군과 몬스터 전사들,
그리고 울퉁불퉁 두꺼비가 힘을 합쳐
헨젤과 그레텔을 다락방에 가두었어요.

다음 날 아침, 저주에 걸린 몬스터 치과 의사가
양동이 두 개에 아침 식사를 담아 왔어요.
"제발 우리를 나가게 해 주세요!"
헨젤과 그레텔이 울먹였어요.
"자, 두 양동이 중에 하나를 골라라. 이 다락방에서
나가려면 앞으로 주어지는 세 번의 식사 시간마다
치아에 좋은 음식을 골라야 한다."
저주에 걸린 몬스터 치과 의사가 말했어요.

양동이 하나에는 호두와 치즈와 홍당무가 들어 있었고,
다른 양동이에는 도넛과 사탕이 들어 있었어요.
헨젤은 도넛과 사탕이 든 양동이를 고르려고 했어요.

"꿀꿀! 호두와 치즈와 홍당무를 골라야 해!"
창 너머에서 새끼 돼지들이 소리쳤어요.
그러자 그레텔은 호두와 치즈와 홍당무가 들어 있는
양동이를 골랐어요.
"이놈들! 아이들이 스스로 결정하도록 해야 해!"
저주에 걸린 몬스터 치과 의사는 새끼 돼지들의 입을
치실로 꽁꽁 묶어 버렸어요.

점심시간이 되자 푸른
용이 양동이 두 개를
가져왔어요.
한쪽에는 사과와
채소와 우유가,
다른 쪽에는 콜라와 케이크와
쿠키가 들어 있었어요.
초콜릿 쿠키를 좋아하는 헨젤은
쿠키가 든 양동이를 고르려고 했어요.
그때! 그레텔이 소리쳤어요.
"안 돼! 케이크와 쿠키와 콜라를 먹으면 이가
썩는단 말이야! 엄마 말씀 기억 안 나?"
헨젤은 어쩔 수 없이 사과와 채소,
우유가 든 양동이를 골랐어요.

"흥, 그래? 축하한다!
이제 한 번의 선택이 남았구나!"
푸른 용이 사악한 미소를
지으며 말했어요.

저녁 시간이 되자 울퉁불퉁 두꺼비가
새로운 양동이 두 개를 가져왔어요.
양동이 하나에는 생선과 미역과 콩이,
다른 양동이에는 캐러멜과 시럽을 듬뿍 뿌린
팬케이크가 들어 있었어요.
헨젤과 그레텔은 팬케이크가 든 양동이로 달려갔어요.

그때, 다락방 창 너머로 누군가 살포시 날아왔어요.
"엄마다!"
"정말 엄마 맞아요?"
헨젤과 그레텔은 엄마의 얼굴로 나타난
천사를 보고 깜짝 놀라 말했어요.
"그래, 아가들아. 엄마는 천사가 되어 너희들을
지켜보고 있었단다."
헨젤과 그레텔은 미소를 지으며
생선과 콩과 미역이 들어 있는 양동이를 골랐어요.

그 순간!
"펑!" 소리와 함께 붉은 연기가
방 안에 가득해졌어요.
몬스터 치과 의사에게 천사가
다가가 마법 거울을 비추어 주자
몬스터 치과 의사는 원래의 모습으로 돌아왔어요.
몬스터 전사들도, 울퉁불퉁 두꺼비도 모두 원래의
모습을 되찾았죠.

천사는 높이 날아올라 과자 궁전 주위를
한 바퀴 돌았어요.
"너희들이 치아에 좋은 음식을 똑똑하게 잘 골라서
마법의 숲이 이제는 즐거운 치아 왕국이 되었단다."
천사는 미소를 지으며 하늘 높이 날아올랐어요.

치아 왕국 나무들마다 '생선바나나', '레몬통닭',
'건강한 치즈열매'가 주렁주렁 열렸어요.
헨젤과 그레텔은 더 이상 배고프지 않았습니다.
헨젤과 그레텔은 치아에 좋은 음식을 먹으며
언제든 몬스터 치과 병원에 놀러 갈 수 있었답니다.

몬스터 치과 의사 선생님의 당부!

어린이 여러분!
치아에 나쁜 음식을 피하고 치아에 좋은 음식을 잘 골라 먹으면 치아가 썩는 것을 예방할 수 있답니다.

 ## 치아에 나쁜 음식에는 무엇이 있는지 알아볼까요?

설탕이 많이 든 단 것은 치아를 썩게 하는 대표적인 음식입니다. 달고 끈적끈적한 음식이 치아에 한번 붙으면 잘 떨어지지 않아서 치아가 빨리 상하게 된답니다.

달고 끈적끈적한 캐러멜, 초콜릿, 사탕, 엿, 젤리 등은 가급적 먹지 않는 것이 좋아요. 먹더라도 바로 치아를 닦아야 합니다. 콜라, 사이다와 같은 탄산음료도 치아에 해로워요. 케이크, 쿠키 등도 마찬가지이지요.

치아에 좋은 음식에는 무엇이 있는지 알아볼까요?

치아에 좋은 음식은 섬유질이 풍부하여 치아를 깨끗하게 청소해 줄 수 있는 음식이에요.
사과, 배 같은 과일이나 각종 채소가 그런 음식이지요.

땅콩, 호두, 잣, 치즈, 우유와 같은 음식도 치아에 매우 좋습니다. 하지만 치아에 좋은 음식이라도 먹은 후에 치아를 잘 닦지 않으면 치아가 상하게 됩니다.

단백질이 풍부한 콩, 영양이 풍부한 미역 외에 자연에서 나는 건강한 식품들은 우리 치아를 튼튼하게 만들어 줍니다.